Andrew Tate: Der Weg zum Erfolg - Die fesselnde Geschichte einer kontroversen Persönlichkeit

Inhaltsverzeichnis:

1. Einleitung
2. Vollständiger Name: Andrew Tate, auch bekannt als Emory Andrew Tate III.
3. Karriere als Kickboxer: Andrew Tate ist ein ehemaliger professioneller Kickboxer und hat an verschiedenen Kickbox-Veranstaltungen teilgenommen.
4. Reality-TV-Teilnahme: Er wurde einem breiteren Publikum bekannt, als er 2016 an der Reality-TV-Show "Big Brother UK" teilnahm.
5. Kontroverse Aussagen: Tate ist bekannt für seine kontroversen und provokativen Aussagen zu Themen wie Erfolg, Männlichkeit und persönlicher Entwicklung.
6. Social Media Präsenz: Er ist auf verschiedenen Social-Media-Plattformen aktiv, darunter Twitter, Instagram und YouTube, wo er eine beträchtliche Anhängerschaft hat.
7. Unternehmerische Aktivitäten: Andrew Tate hat auch in verschiedene Unternehmensbereiche investiert und unternehmerische Tätigkeiten verfolgt.
8. Wohnorte: Er ist sowohl in Großbritannien als auch in den USA ansässig und hat sowohl die britische als auch die amerikanische Staatsbürgerschaft.
9. Familienhintergrund: Andrew Tate stammt aus einer Familie mit einer erfolgreichen Kampfsport-Tradition. Sein Vater, Emory Tate Jr., war ein bekannter Schachspieler und Schachmeister.
10. Buchautor: Er hat Bücher zu den Themen Erfolg und Persönlichkeitsentwicklung veröffentlicht.
11. Online-Kurs-Angebote: Tate hat auch Online-Kurse und Coaching-Programme entwickelt, in denen er seine Ansichten und Techniken zu Erfolg und Persönlichkeitsentwicklung vermittelt.
12. Schlusswort

Einleitung

In einer Welt, in der die sozialen Medien die Bühne für eine Vielzahl von Persönlichkeiten bilden, taucht immer wieder eine Figur auf, die mit ihren provokativen Ansichten und kontroversen Aussagen sowohl Bewunderung als auch Kritik hervorruft. Einer dieser faszinierenden Charaktere ist Andrew Tate, auch bekannt als Emory Andrew Tate III. Sein Leben und seine Karriere sind ein Mosaik aus Triumph und Kontroversen, was ihn zu einer der schillerndsten Figuren der modernen Zeit macht.

"Andrew Tate: Der Weg zum Erfolg" lädt Sie zu einer fesselnden Entdeckungsreise in das Leben dieser außergewöhnlichen Persönlichkeit ein. Von den Schlagzeilen der Kampfsportwelt bis hin zur blendenden Bühne der Reality-TV-Shows, hat Andrew Tate immer wieder die Aufmerksamkeit eines globalen Publikums auf sich gezogen.

Die ersten Kapitel dieses Buches enthüllen die Wurzeln seiner bemerkenswerten Karriere. Als professioneller Kickboxer kämpfte sich Andrew Tate durch internationale Arenen und errang Erfolge, die ihm Anerkennung in der Kampfsportszene einbrachten. Doch es war nicht nur sein Kampfgeschick, das ihn zum Gesprächsthema machte. Eine entscheidende Wende in seinem Leben erfolgte, als er als Kandidat in der renommierten Reality-TV-Show "Big Brother UK" auftauchte. Inmitten des Scheinwerferlichts entfachte er eine Flut von Diskussionen, die seinen Namen in die Wohnzimmer und auf die Bildschirme eines weltweiten Publikums brachten.

Das Herzstück dieses Buches enthüllt die fünf Fakten, die Andrew Tate zu einer so umstrittenen Figur gemacht haben. Seine kontroversen Aussagen zu Erfolg, Männlichkeit und persönlicher Entwicklung haben sowohl Bewunderer als auch Kritiker auf den Plan gerufen. Dabei präsentieren wir Ihnen eine ausgewogene Betrachtung seiner Gedanken und beleuchten die Gründe, die hinter seinen kontroversen Ansichten stecken.

Ein weiteres Kapitel beschäftigt sich mit seiner Präsenz in den sozialen Medien. Auf Plattformen wie Twitter, Instagram und YouTube nutzt Andrew Tate seine enorme Reichweite, um seine Lebensweisheiten und Erfolgsstrategien mit einer breiten Online-Community zu teilen. Dabei geht es nicht nur um Unterhaltung, sondern auch darum, seine Anhänger zu motivieren, ihr Potenzial voll auszuschöpfen und erfolgreich zu sein.

Ebenso faszinierend ist seine unternehmerische Seite. Neben seiner sportlichen Laufbahn hat Andrew Tate in verschiedene Unternehmensbereiche investiert und damit seine unternehmerischen Fähigkeiten unter Beweis gestellt. Die Erfahrungen aus seinem Unternehmertum fließen in seine inspirierenden Bücher und Online-Kurse ein, die er entwickelt hat, um anderen Menschen dabei zu helfen, ihren eigenen Weg zum Erfolg zu finden.

In diesem Buch erfahren Sie auch mehr über Andrews familiären Hintergrund und die Einflüsse, die sein Leben geprägt haben. Mit einem Vater, der ein bekannter Schachspieler und Schachmeister war, liegt das Streben nach Erfolg und Spitzenleistungen scheinbar in seiner DNA.

"Andrew Tate: Der Weg zum Erfolg" ist eine fesselnde Erkundung einer schillernden Persönlichkeit, die polarisiert und inspiriert. Es ist eine Einladung, die Kontroversen hinter seiner öffentlichen Erscheinung zu entwirren und die Menschheit hinter dem Image zu erkennen. Tauchen Sie ein in die Welt eines Mannes, der es geschafft hat, die Aufmerksamkeit der Welt auf sich zu ziehen, und entdecken Sie die Wahrheit über Andrew Tate - seine Triumphe, seine Herausforderungen und seine Vision für Erfolg und persönliches Wachstum.

Kapitel 1 – Wie alles begann

Andrew Tate, auch bekannt als Emory Andrew Tate III, ist eine facettenreiche Persönlichkeit mit einer faszinierenden Lebensgeschichte. Sein vollständiger Name, Emory Andrew Tate III, lässt bereits auf eine familiäre Tradition hinweisen, die tief in der Geschichte seiner Vorfahren verwurzelt ist.

Andrew Tate wurde in Großbritannien geboren und wuchs in einer Familie auf, die eine reiche Tradition in Kampfkünsten und Intellektualität pflegte. Sein Vater, Emory Andrew Tate Jr., war ein angesehener Schachmeister und Schachspieler. Diese familiäre Verbindung zu Denksportarten und körperlichen Auseinandersetzungen prägte Andrews Werdegang von Anfang an.

Mit der Doppelstaatsbürgerschaft sowohl in Großbritannien als auch in den USA hat Andrew die Möglichkeit genutzt, die Vorteile beider Länder zu genießen. Seine internationalen Wurzeln und Erfahrungen haben ihn geprägt und seinen Blick auf die Welt erweitert.

Andrew Tate ist ein Mann, der gerne im Rampenlicht steht und seine Gedanken und Ansichten der Öffentlichkeit präsentiert. Seine Präsenz in den sozialen Medien, insbesondere auf Plattformen wie Twitter, Instagram und YouTube, hat ihm eine treue Anhängerschaft eingebracht. Doch gleichzeitig hat seine kontroverse Natur auch kritische Stimmen angezogen.

Sein Lebensweg als professioneller Kickboxer und seine Teilnahme an der Reality-TV-Show "Big Brother UK" im Jahr 2016 haben ihn einer breiteren Öffentlichkeit bekannt gemacht. Doch neben seinen sportlichen Leistungen und Reality-TV-Erfahrungen hat Andrew Tate auch in verschiedene Unternehmensbereiche investiert und seine unternehmerischen Fähigkeiten unter Beweis gestellt.

Als Buchautor und Schöpfer von Online-Kursen teilt Andrew Tate seine Philosophien zu Erfolg, Persönlichkeitsentwicklung und Lebensgestaltung. Seine unkonventionellen Ansichten haben sowohl Befürworter als auch Kritiker hervorgebracht, was ihn zu einer der polarisierendsten Figuren im zeitgenössischen Medienraum macht.

In diesem Buch werden wir die faszinierende Reise von Emory Andrew Tate III erkunden, von seinen Anfängen bis hin zu seinen bemerkenswerten Erfolgen und Kontroversen. Dabei werden wir die Fakten und Ereignisse hinter dieser schillernden Persönlichkeit enthüllen und ein umfassendes Bild von Andrew Tate zeichnen - dem Mann, der die Welt mit seinen Ansichten und seiner Lebensweise gleichermaßen inspiriert und provoziert.

Kapitel 2 – Eine Karriere im Kampf – Andrews Weg als Kickboxer

Andrew Tate, eine beeindruckende Persönlichkeit mit einer faszinierenden Lebensgeschichte, betrat die Welt des Ruhms und der Anerkennung durch seine außergewöhnliche Karriere als professioneller Kickboxer. Von den Arenen der Kampfsportwelt bis hin zu den Herzen seiner Fans wurde Andrew durch seine beeindruckenden Fähigkeiten und Entschlossenheit zu einem herausragenden Athleten.

Schon früh zeichnete sich Andrews Leidenschaft für Kampfkunst ab. Bereits in jungen Jahren entwickelte er eine Anziehungskraft für die Welt der körperlichen Auseinandersetzung und begann seine Reise in die Welt des Kickboxens. Durch jahrelanges intensives Training und unermüdlichen Einsatz formte er seinen Körper und Geist zu einer perfekten Einheit, die es ihm ermöglichte, in den Ringen dieser Welt zu dominieren.

Seine Wettkampfkarriere brachte Andrew Tate zu verschiedenen internationalen Kickbox-Veranstaltungen, wo er sich mutig und unbeirrbar seinen Gegnern stellte. Es war die Kombination aus körperlicher Stärke, strategischem Denken und einer beispiellosen Hingabe, die ihn zu einem bemerkenswerten Kämpfer machte.

Die Erfolge, die Andrew in der Kampfsportarena erzielte, brachten ihm nicht nur Titel und Anerkennung ein, sondern auch die Bewunderung und Unterstützung seiner Fans auf der ganzen Welt. Seine Anziehungskraft reichte über die Grenzen des Sports hinaus und prägte seine Identität als öffentliche Figur.

Doch wie bei jeder Reise des Erfolgs waren auch Hindernisse und Rückschläge Teil von Andrews Weg. Von Verletzungen bis hin zu enttäuschenden Niederlagen hatte er auch Momente der Herausforderung zu meistern. Doch es war seine Fähigkeit, aus jedem Rückschlag zu lernen und stärker zurückzukommen, die ihn weiter vorantrieb.

Während Andrews Karriere als Kickboxer an Dynamik gewann, erkannte er die Plattform, die ihm der Sport bot, um positive Botschaften zu teilen. Seine Erfolgsphilosophien und Motivationsstrategien wurden zu einer Bereicherung für viele seiner Fans, die nach Inspiration suchten, um ihre eigenen Ziele zu erreichen.

Als eine der Säulen seines erstaunlichen Lebensweges bleibt Andrews Karriere als Kickboxer ein wesentlicher Bestandteil seiner Identität. Sein unvergleichlicher Kampfgeist, seine Entschlossenheit und seine Leidenschaft für Kampfkunst prägten seine Reise zu einer unvergesslichen Erfahrung, die ihn auf dem Weg zum Erfolg in der Welt des Sports und darüber hinaus begleitete.

In den nächsten Kapiteln dieses Buches werden wir tiefer in die vielen Facetten dieses einzigartigen Individuums eintauchen und die Fakten und Ereignisse untersuchen, die ihn zu einer so polarisierenden und zugleich bewundernswerten Persönlichkeit machen.

Kapitel 3 - In den Scheinwerfern der Realität - Andrews Auftritte in der TV-Welt

Andrew Tate, eine schillernde Persönlichkeit, die sowohl Bewunderung als auch Kritik hervorruft, trat in die Welt der Reality-TV-Shows ein und entfachte eine Flut von Diskussionen. Seine Teilnahme an der renommierten Reality-TV-Show "Big Brother UK" im Jahr 2016 brachte ihn in die grellen Scheinwerfer der Öffentlichkeit und ließ ihn zu einem prominenten Namen in der Unterhaltungsindustrie werden.

Als charismatischer und kontroverser Kandidat, der sich durch seine markanten Ansichten und seine unkonventionelle Lebensweise auszeichnete, zog Andrew Tate schnell das Interesse der Zuschauer auf sich. Seine offenen Diskussionen über Erfolg, persönliche Entwicklung und Männlichkeit fesselten die Aufmerksamkeit eines breiten Publikums.

Während seiner Zeit im "Big Brother UK"-Haus stieß Andrew mit seinen provokativen Äußerungen und Standpunkten auf Zustimmung bei einigen Mitbewohnern, während andere ihn mit Skepsis und Ablehnung betrachteten. Seine unerschütterliche Selbstsicherheit und sein unbeirrbarer Glaube an seine Überzeugungen machten ihn zu einem kontroversen Gesprächsthema sowohl innerhalb des Hauses als auch in der Außenwelt.

Trotz der unterschiedlichen Reaktionen auf seine Persönlichkeit und Aussagen erlangte Andrew Tate während seiner Reality-TV-Teilnahme eine wachsende Anhängerschaft in den sozialen Medien. Seine kontroverse Natur und seine Fähigkeit, die Aufmerksamkeit der Menschen auf sich zu ziehen, verhalfen ihm zu einer loyale Fanbasis, die seinen Weg mit großem Interesse verfolgte.

Jedoch war sein Aufenthalt im "Big Brother UK"-Haus nicht ohne Herausforderungen. Die Show brachte auch Konflikte und Kontroversen mit sich, die sich auf Andrews Persönlichkeit und seine Beziehungen zu anderen Mitbewohnern auswirkten. Trotz dieser Rückschläge blieb

Andrew seinen Überzeugungen treu und machte deutlich, dass er nicht bereit war, sich den Erwartungen anderer zu beugen.

In diesem Kapitel werden wir einen detaillierten Blick auf Andrews Teilnahme an "Big Brother UK" werfen und die Höhen und Tiefen seiner Erfahrungen während der Show beleuchten. Wir werden die Auswirkungen seiner Reality-TV-Teilnahme auf seine öffentliche Wahrnehmung und seine persönliche Entwicklung untersuchen und dabei den Mann hinter den Kontroversen näher kennenlernen. Tauchen Sie ein in die Welt des Reality-TV und entdecken Sie, wie Andrew Tate die Aufmerksamkeit der Welt erregte und zu einem bleibenden Gesprächsthema wurde.

Kapitel 4 - Zwischen Bewunderung und Kontroverse - Andrews Provokative Aussagen

Andrew Tate ist bekannt für seine kontroversen Aussagen zu einer Vielzahl von Themen, die sowohl Bewunderung als auch Kritik hervorgerufen haben. In diesem Kapitel werfen wir einen genaueren Blick auf einige seiner provokativen Ansichten, die die öffentliche Meinung spalten und kontroverse Diskussionen auslösen.

Mit einem selbstbewussten und unkonventionellen Auftreten scheut sich Andrew nicht davor, kontroverse Themen anzusprechen und seine Meinungen unverblümt zu teilen. Er hat sich öffentlich zu Themen wie Erfolg, Männlichkeit, persönlicher Entwicklung, Beziehungen und dem Umgang mit Rückschlägen geäußert.

In Bezug auf Erfolg und Erfolgsdenken hat Andrew Tate wiederholt betont, dass Erfolg eine Frage der mentalen Einstellung und der Hingabe ist. Er behauptet, dass Erfolgshemmnisse oft in der eigenen Einstellung und Denkweise liegen und dass jeder die Macht hat, sein eigenes Schicksal zu gestalten.

Ein weiteres kontroverses Thema, bei dem Andrew Tate polarisiert, ist seine Auffassung von Männlichkeit. Er hat wiederholt seine Ansichten über traditionelle Geschlechterrollen und die Bedeutung von Männlichkeit und Weiblichkeit in der Gesellschaft dargelegt. Seine Aussagen zu diesem Thema haben sowohl Zustimmung von denen erhalten, die seine Standpunkte teilen, als auch Kritik von denen, die seine Ansichten als veraltet und problematisch betrachten.

Andrew hat auch zu Themen wie Selbstverantwortung, persönlicher Entwicklung und dem Umgang mit Niederlagen klare Standpunkte vertreten. Er betont oft, dass Menschen die Verantwortung für ihr eigenes Leben übernehmen und aus Misserfolgen lernen sollten, anstatt die Schuld auf andere oder äußere Umstände zu schieben.

Diese kontroversen Aussagen haben Andrew Tate sowohl treue Anhänger als auch starke Kritiker beschert. Während einige ihn als inspirierende und motivierende Figur betrachten, die ehrliche Lebensweisheiten teilt, sehen andere ihn als kontroverse Persönlichkeit, deren Ansichten als unangemessen oder schädlich angesehen werden.

In diesem Kapitel werden wir uns intensiver mit Andrews kontroversen Aussagen befassen und die unterschiedlichen Reaktionen und Meinungen der Menschen auf seine provokativen Standpunkte untersuchen. Wir werden die Gründe hinter seinen Ansichten beleuchten und die Auswirkungen seiner kontroversen Natur auf seine öffentliche Wahrnehmung und seine Online-Community erforschen. Tauchen Sie ein in die Welt der Meinungsverschiedenheiten und entdecken Sie die Faszination und Herausforderungen, die mit einer solch polarisierenden Persönlichkeit einhergehen.

Kapitel 5 - Digitale Faszination - Andrews Einflussreiche Social Media Präsenz

Andrew Tate ist ein Meister darin, die Macht der sozialen Medien zu nutzen, um seine Botschaften und Philosophien mit einer globalen Anhängerschaft zu teilen. In diesem Kapitel werden wir die faszinierende Welt seiner Social Media Präsenz erkunden und die Auswirkungen seiner digitalen Plattform auf seine öffentliche Wahrnehmung und seinen Einfluss auf seine Fans untersuchen.

Mit einer beträchtlichen Anzahl von Followern auf Plattformen wie Twitter, Instagram und YouTube hat Andrew Tate eine treue Online-Community um sich geschart. Seine charismatische Persönlichkeit und seine Fähigkeit, die Aufmerksamkeit der Menschen zu fesseln, haben ihm eine loyale Fangemeinde beschert, die gespannt darauf ist, seine neuesten Beiträge und Videos zu verfolgen.

Andrew nutzt seine Social Media Kanäle, um seine Ansichten zu verschiedenen Themen wie Erfolg, persönliche Entwicklung, Motivation und Lebensgestaltung mit seinen Followern zu teilen. Er veröffentlicht inspirierende Zitate, Lebensweisheiten und Ratschläge, die seine Anhänger dazu ermutigen sollen, ihr volles Potenzial auszuschöpfen und ihr Leben nach ihren eigenen Vorstellungen zu gestalten.

Doch gleichzeitig haben Andrews kontroverse Aussagen und provokativen Standpunkte auch zu Gegenreaktionen auf den sozialen Medien geführt. Kritiker haben seine Ansichten als problematisch oder sogar beleidigend betrachtet und haben ihm mit kritischen Kommentaren und Diskussionen entgegengewirkt.

Trotz der Kontroversen hat Andrews Einfluss auf den sozialen Medienraum nicht nachgelassen. Er versteht es, seine Anhänger zu mobilisieren und seine Botschaften virale Verbreitung zu ermöglichen. Seine Fähigkeit, mit seiner Zielgruppe in Interaktion zu treten, hat zu einer starken Bindung zwischen ihm und seinen Fans geführt, die sich in der Loyalität seiner Online-Community widerspiegelt.

In diesem Kapitel werden wir tief in die Welt von Andrews Social Media Präsenz eintauchen und die Dynamik seiner digitalen Interaktionen analysieren. Wir werden die Vielfalt seiner Inhalte und die Methoden, mit denen er seine Botschaften vermittelt, untersuchen. Erfahren Sie mehr über den Mann hinter dem Bildschirm und wie er die Kraft der sozialen Medien nutzt, um seine Ideen und Lebensphilosophien in die Welt zu tragen. Tauchen Sie ein in die digitale Faszination und entdecken Sie, wie Andrew Tate durch seine Social Media Präsenz Menschen auf der ganzen Welt inspiriert und beeinflusst.

Kapitel 6 - Von Kämpfen zu Geschäften - Andrews Unternehmerische Aktivitäten

Andrew Tate hat nicht nur in der Welt des Kampfsports und der Reality-TV-Shows Erfolge erzielt, sondern sich auch als erfolgreicher Unternehmer etabliert. In diesem Kapitel werden wir uns mit seinen unternehmerischen Aktivitäten befassen und die Facetten seiner Geschäftsinteressen erkunden, die seinen Weg zum Erfolg in einer anderen Dimension geformt haben.

Als ehemaliger professioneller Kickboxer brachte Andrew Tate die Eigenschaften des Kampfsports - Disziplin, Ausdauer und Entschlossenheit - in seine unternehmerischen Bemühungen ein. Mit einem unerschütterlichen Glauben an seine Fähigkeiten und einem strategischen Ansatz investierte er in verschiedene Unternehmensbereiche und baute ein Portfolio von Geschäftsinteressen auf.

Andrews unternehmerische Aktivitäten umfassen verschiedene Branchen und Geschäftsfelder. Von Immobilieninvestitionen bis hin zu Produktverkäufen hat er eine Vielzahl von Geschäftsmöglichkeiten verfolgt. Dabei zeichnete sich sein Unternehmertum durch eine

Kombination aus Risikobereitschaft und einer klaren Vision aus, wie er seine Geschäftsziele erreichen wollte.

Ein bedeutender Teil von Andrews unternehmerischer Präsenz ist seine Tätigkeit als Autor und Schöpfer von Online-Kursen. In seinen Büchern teilt er seine Philosophien und Erfolgsstrategien zu Themen wie persönlicher Entwicklung und Erfolg. Mit seinen Online-Kursen bietet er Menschen die Möglichkeit, von seinen Erfahrungen und Lehren zu profitieren und ihre persönlichen Ziele zu verfolgen.

Doch wie bei jedem Unternehmertum war auch Andrews Weg zum Erfolg nicht ohne Herausforderungen. Er musste mit Rückschlägen umgehen, strategische Entscheidungen treffen und sich an eine sich ständig verändernde Geschäftswelt anpassen. Seine Entschlossenheit und die Fähigkeit, aus Misserfolgen zu lernen, halfen ihm, auf seinem unternehmerischen Weg voranzuschreiten.

In diesem Kapitel werden wir tief in Andrews unternehmerische Aktivitäten eintauchen und die verschiedenen Aspekte seiner Geschäftsinteressen beleuchten. Wir werden seine Vision und Methoden in der Geschäftswelt analysieren und untersuchen, wie seine Erfahrungen als Kickboxer und Reality-TV-Teilnehmer seine unternehmerische Reise beeinflusst haben. Erfahren Sie mehr über die Geschäftswelt von Andrew Tate und wie er seine Leidenschaft, Entschlossenheit und Risikobereitschaft in den Geschäftsalltag einbringt. Tauchen Sie ein in die Welt des Unternehmertums und entdecken Sie, wie Andrew Tate seine Geschäftsreisen zu einer weiteren faszinierenden Facette seiner beeindruckenden Persönlichkeit gemacht hat.

Kapitel 7 - Zwischen Zwei Welten - Andrews Leben in Verschiedenen Wohnorten

Andrew Tate, eine globale Persönlichkeit mit vielseitigen Interessen und Geschäftsaktivitäten, hat das Privileg genutzt, in verschiedenen Ländern zu leben. In diesem Kapitel werden wir die spannende Geschichte von Andrews Wohnorten erkunden und die einzigartige Perspektive beleuchten, die er durch sein Leben in zwei unterschiedlichen Welten gewonnen hat.

Als britisch-amerikanischer Doppelstaatsbürger genießt Andrew die Möglichkeit, zwischen Großbritannien und den USA zu pendeln und die Vorteile beider Länder zu erleben. Diese Dualität hat sein Leben geprägt und seinen Horizont erweitert, indem er das Beste aus zwei unterschiedlichen Kulturen und Lebensstilen miteinander verbindet.

In Großbritannien ist Andrew Tate mit der reichen Geschichte des Landes und der Kulturlandschaft vertraut. Seine Wurzeln in Großbritannien sind tief verwurzelt, und sein Aufenthalt dort hat ihm eine einzigartige Verbindung zu den Traditionen und Werten des Landes ermöglicht. Von den Pulsadern Londons bis hin zu den malerischen Landschaften auf dem Land hat er die Vielfalt und den Charme Großbritanniens hautnah erlebt.

Auf der anderen Seite des Atlantiks hat Andrew in den USA ein weiteres Zuhause gefunden. Die USA sind für ihre Dynamik, ihren Unternehmergeist und ihre kulturelle Vielfalt bekannt, die Andrews Unternehmertum und Lebensweise in vielerlei Hinsicht beeinflusst haben. Von den lebhaften Metropolen an der Ost- und Westküste bis hin zu den Weiten des amerikanischen Westens hat er die Gelegenheit genutzt, das Beste aus den USA zu erkunden und zu erleben.

Die Erfahrungen und Erkenntnisse aus seinen beiden Wohnorten haben Andrews Persönlichkeit und Sichtweise auf die Welt geprägt. Die Vielfalt seiner Lebensumstände hat ihm eine breitere Perspektive und eine einzigartige Fähigkeit verliehen, verschiedene kulturelle Einflüsse in seine Philosophien und Ansichten zu integrieren.

In diesem Kapitel werden wir tief in Andrews Wohnorte eintauchen und die Bedeutung seiner Erfahrungen in Großbritannien und den USA untersuchen. Wir werden erkunden, wie diese zwei Welten sein Denken und sein Leben geformt haben und wie er das Beste aus beiden Welten vereint, um seine Ziele und Träume zu verwirklichen. Tauchen Sie ein in die Welt der Vielfalt und Entdeckungen, die Andrews Leben in verschiedenen Wohnorten geprägt hat, und erfahren Sie, wie diese einzigartige Erfahrung seine Reise zu einer fesselnden und inspirierenden Lebensgeschichte gemacht hat.

Kapitel 8 - Vom Erbe der Meister - Andrews Familiärer Hintergrund und Kampfsport-Tradition

Andrew Tate entstammt einer Familie mit einer faszinierenden Kampfsport-Tradition, die sein Leben und seine Interessen maßgeblich beeinflusst hat. In diesem Kapitel werden wir einen genaueren Blick auf seinen familiären Hintergrund werfen und die bedeutenden Einflüsse seiner Vorfahren auf seine Karriere und Persönlichkeit enthüllen.

In der Welt von Emory Andrew Tate III (Andrew Tate) sind die Wurzeln des Kampfsports tief verwoben. Sein Vater, Emory Andrew Tate Jr., war ein herausragender Schachmeister und Schachspieler. Diese brillante Denksport-Tradition, die von seinem Vater verkörpert wurde, inspirierte und prägte Andrews Fähigkeit, Strategien und Taktiken in verschiedenen Lebensbereichen zu entwickeln.

Die Faszination für den Kampfsport wurde Andrew bereits in jungen Jahren in die Wiege gelegt. Die Leidenschaft für physische und mentale Herausforderungen spiegelte sich in seiner Entscheidung wider, den Weg des Kickboxens einzuschlagen und sich als professioneller Kickboxer zu etablieren.

Durch seinen familiären Hintergrund wurde Andrew Tate bereits früh mit dem Wert von Disziplin, Ausdauer und strategischem Denken vertraut gemacht. Diese Werte wurden zu den Eckpfeilern seiner Karriere als Kickboxer und sind auch in seinen unternehmerischen Aktivitäten und seinem Auftreten in der Öffentlichkeit deutlich erkennbar.

Die Tradition seiner Familie im Kampfsport hat ihn nicht nur in sportlicher Hinsicht geprägt, sondern auch in seiner Philosophie über Erfolg und persönliche Entwicklung. Andrews Vorfahren haben ihm gezeigt, wie wichtig es ist, in verschiedenen Lebensbereichen stets nach Spitzenleistungen zu streben und das eigene Potenzial voll auszuschöpfen.

In diesem Kapitel werden wir tief in Andrews familiären Hintergrund eintauchen und die einzigartige Kampfsport-Tradition erkunden, die sein Leben und seine Karriere geprägt hat. Wir werden die Verbindung zwischen seiner familiären Herkunft und seinen Erfolgen in der Welt des Kampfsports und darüber hinaus untersuchen. Tauchen Sie ein in die Welt der Tradition und Erbe und erfahren Sie, wie der familiäre Hintergrund von Andrew Tate zu einer entscheidenden Quelle seiner Inspiration und Stärke wurde, die ihn auf seinem Weg zum Erfolg begleitet hat.

Kapitel 9 - Die Feder als Waffe - Andrews Weg als Buchautor

Andrew Tate hat nicht nur als Kickboxer, Reality-TV-Teilnehmer und Unternehmer Erfolge erzielt, sondern sich auch als Buchautor etabliert. In diesem Kapitel werden wir die fesselnde Reise von Andrews Schreibkarriere erkunden und die Bedeutung seiner Bücher in der Verbreitung seiner Philosophien und Lebensweisheiten untersuchen.

Mit einer außergewöhnlichen Fähigkeit, seine Gedanken und Ideen in Worte zu fassen, nutzte Andrew die Kraft der Feder, um seine Botschaften einem breiteren Publikum zugänglich zu machen. Seine Bücher sind geprägt von seinen Ansichten zu Erfolg, persönlicher Entwicklung, Männlichkeit und Motivation.

Die Veröffentlichung seiner Bücher ermöglichte es Andrew, seine Leser mit inspirierenden Geschichten und praktischen Lebensstrategien zu erreichen. In seinen Werken vermittelt er nicht nur seine eigenen Erfahrungen und Erkenntnisse, sondern fordert seine Leser auch heraus, ihr Leben zu hinterfragen und nach Erfolg und Erfüllung zu streben.

Ein bedeutendes Buch von Andrew Tate ist oft mehr als nur ein Werk der Inspiration - es ist ein Werkzeug, das seine Leser dazu ermutigt, ihre Perspektiven zu erweitern und ihr Potenzial voll auszuschöpfen. Seine Schreibweise ist geprägt von Ehrlichkeit und Offenheit, wodurch er eine Verbindung zu seinen Lesern herstellt und sie in ihrer persönlichen Entwicklung unterstützt.

Die Veröffentlichung seiner Bücher hat Andrews Einfluss als Autor weiter gestärkt und seine Reichweite auf der ganzen Welt vergrößert. Seine Werke haben eine treue Leserschaft gefunden und seine Bücher werden von Menschen auf der Suche nach Inspiration und Motivation geschätzt.

In diesem Kapitel werden wir tief in Andrews Karriere als Buchautor eintauchen und seine Werke genauer betrachten. Wir werden die Themen und Botschaften in seinen Büchern untersuchen und ihre Auswirkungen auf seine Leser erkunden. Tauchen Sie ein in die Welt der Worte und entdecken Sie, wie Andrew Tate mit der Feder als Waffe die Herzen und Gedanken seiner Leser erreicht und sie auf ihrem eigenen Weg zum Erfolg begleitet.

Kapitel 10 - Erfolg als Online-Mentor - Andrews Angebote von Online-Kursen

Andrew Tate hat seine fesselnden Lebensphilosophien und Erfolgsstrategien nicht nur in Büchern geteilt, sondern auch als Online-Mentor durch die Veröffentlichung von Online-Kursen. In diesem Kapitel werden wir uns mit Andrews Angeboten von Online-Kursen befassen und die transformative Wirkung seiner digitalen Plattform auf Menschen weltweit untersuchen.

Mit seiner einzigartigen Art, motivierende und praktische Ratschläge zu geben, hat Andrew eine treue Online-Community von Lernenden aufgebaut. Seine Online-Kurse bieten eine umfassende Bandbreite an Themen, darunter Persönlichkeitsentwicklung, Erfolgsmindset, Finanzen und zwischenmenschliche Beziehungen.

Die Flexibilität der Online-Kurse ermöglicht es Menschen aus verschiedenen Teilen der Welt, von den Erfahrungen und Erkenntnissen von Andrew Tate zu profitieren. Durch Videokurse, Arbeitsblätter und interaktive Lerninhalte bietet er seinen Teilnehmern die Möglichkeit, in ihrem eigenen Tempo zu lernen und ihre persönlichen Ziele zu verfolgen.

Die Inhalte seiner Online-Kurse spiegeln die Vielfalt seiner Erfahrungen als professioneller Kickboxer, Reality-TV-Teilnehmer und Unternehmer wider. Er teilt nicht nur bewährte Methoden für Erfolg und persönliche Entwicklung, sondern auch seine bewegende Lebensgeschichte, die als Quelle der Inspiration für seine Schüler dient.

Andrews Online-Kursangebote sind nicht nur ein Mittel, um Wissen zu vermitteln, sondern auch eine Plattform, um seine Online-Community zu stärken und eine Verbindung mit seinen Anhängern aufzubauen. Die Interaktion mit seinen Teilnehmern, sei es durch Live-Frage-Antwort-Sitzungen oder Diskussionen in Online-Communities, trägt zur Bereicherung der Lernerfahrung bei.

In diesem Kapitel werden wir tief in Andrews Online-Kursangebote eintauchen und die verschiedenen Themen und Inhalte seiner Kurse untersuchen. Wir werden die Reaktionen und Erfahrungen seiner Schüler untersuchen und die transformative Wirkung seiner Online-Plattform auf das Leben vieler Menschen entdecken. Tauchen Sie ein in die Welt des Online-Lernens und erfahren Sie, wie Andrew Tate als Online-Mentor die Lebensreisen seiner Schüler bereichert und ihnen die Werkzeuge bietet, um ihr volles Potenzial zu entfalten.

Schlusswort

Abschließend möchte ich sagen, dass die Reise durch das faszinierende Leben von Andrew Tate uns mit inspirierenden Erkenntnissen und bewegenden Geschichten zurücklässt. Von seinen Anfängen als Kickboxer bis hin zu seinen Erfolgen als Reality-TV-Teilnehmer, Unternehmer, Buchautor und Online-Mentor hat Andrew Tate bewiesen, dass Entschlossenheit, Kampfgeist und ein unerschütterlicher Glaube an sich selbst die Grundlagen sind, um die Höhen des Erfolgs zu erklimmen.

Seine Reise war geprägt von Herausforderungen, Rückschlägen und Kontroversen, aber immer wieder hat er bewiesen, dass er in der Lage ist, aus jedem Hindernis zu lernen und gestärkt daraus hervorzugehen. Seine unkonventionellen Ansichten und provokativen Standpunkte mögen manche Menschen polarisieren, aber sie haben auch unzählige andere inspiriert und motiviert, ihren eigenen Weg zum Erfolg zu gehen.

Als Leser dieses Buches haben Sie einen Einblick in die vielen Facetten von Andrew Tate erhalten - den Kämpfer, den Unternehmer, den Autor und den Online-Mentor. Sie haben erfahren, wie seine familiäre Tradition und seine vielfältigen Lebenserfahrungen ihn zu dem Menschen gemacht haben, der er heute ist.

Mögen Sie aus dieser fesselnden Lebensgeschichte die wertvollen Lehren ziehen, die Ihnen auf Ihrer eigenen Reise zum Erfolg und zur Erfüllung dienen. Mögen Sie sich von Andrews Kampfgeist inspirieren lassen und den Mut finden, Ihre eigenen Träume zu verfolgen und Ihre Ziele zu erreichen.

Dieses Buch soll Ihnen verdeutlichen, dass jeder von uns das Potenzial hat, Großes zu erreichen, wenn wir unsere Leidenschaften verfolgen und unser volles Potenzial entfalten. Lassen Sie sich von Andrews einzigartiger Lebensreise dazu ermutigen, Ihre eigenen Grenzen zu überwinden und nach Spitzenleistungen zu streben.

Ich möchte Ihnen danken, dass Sie sich die Zeit genommen haben, in die Welt von Andrew Tate einzutauchen und seine inspirierende Lebensgeschichte zu entdecken. Möge diese Reise Ihnen die Motivation und den Anstoß geben, Ihre eigenen Träume zu verwirklichen und ein erfülltes und erfolgreiches Leben zu führen.

Möge Ihr Weg gesäumt sein von Erfolg, Leidenschaft und unerschütterlichem Glauben an sich selbst. Denken Sie immer daran: Die Reise zum Erfolg mag herausfordernd sein, aber mit Entschlossenheit, Durchhaltevermögen und einem unerschütterlichen Glauben an sich selbst ist alles möglich.

Möge Ihr Leben reich an Erfolg und erfüllt von Erfüllung sein. Die Welt wartet darauf, dass Sie Ihre einzigartige Geschichte schreiben. Seien Sie der Held Ihrer eigenen Reise und erwecken Sie Ihre Träume zum Leben.

Ich wünsche Ihnen alles Gute und viel Erfolg auf Ihrer ganz persönlichen Reise!

Printed in Poland
by Amazon Fulfillment
Poland Sp. z o.o., Wrocław